Derrotando el Espíritu Critico

Jim Hammer

TEACH Services, Inc.
P U B L I S H I N G
www.TEACHServices.com • (800) 367-1844

Titulo original en inglés:
Victory Over a Critical Spirit

Copyright © 2013 TEACH Services, Inc.
ISBN-13: 978-1-4796-0192-9 (Paperback)
ISBN-13: 978-1-4796-0195-0 (Saddle Stitch)
ISBN-13: 978-1-4796-0193-6 (Epub)
ISBN-13: 978-1-4796-0194-3 (Kindle/Mobi)

Todas las citas bíblicas, a menos que se indique otra cosa,
Son tomadas de la Reina-Valera 95®
© Sociedades Bíblicas Unidas, 1995.
Usadas con permiso.
Todos los derechos reservados.

Publicado por

TEACH Services, Inc.
P U B L I S H I N G
www.TEACHServices.com ● (800) 367-1844

Dedicación

A mi esposa, Joanne, que ha sido tan cariñosa,
compasiva y perdonadora.

Gracias

A todos los que me animaron mientras escribía
este libro-especialmente a June Strong

Introducción

Usted se estará preguntando por qué he escrito un libro sobre la crítica. ¿No es el libro en sí mismo una declaración crítica? Al leer espero se de cuenta que hecho un gran esfuerzo para centrarme en la victoria sobre una actitud crítica y no en el que critica. Como cristiano durante los últimos treinta años, he experimentado dentro de la iglesia incoherencias en cuanto a modelar el espíritu de Cristo que enseña la Biblia. Al parecer esta actitud afecta de igual el extremo ultra-conservador como al extremo liberal.

En ambos campos parece existir una actitud que dice "estamos en lo correcto" y todos los demás tienen que alcanzar nuestro nivel y medirse por nuestras ideas. A pesar que creemos estar haciendo la voluntad de Dios, nuestro espíritu está muy lejos de igualarse al espíritu de Cristo.

Al hacer la investigación para este proyecto, pronto me di cuenta que este espíritu crítico ha penetrado todas las iglesias y denominaciones. La unidad familiar de la iglesia están siendo destrozada, la obra de Dios se ve obstaculizada, y el enemigo se regocija. Sin embargo, Dios tiene hijos verdaderos en cada iglesia, que se esfuerzan por ser más y más como Jesús. ¡Alabamos a Dios por ellos!

Capítulo 1
Cuando y Donde Inicio
Este Espíritu Crítico

Hay un espíritu crítico, disfrazado como el espíritu de Jesús, que ha infiltrado en la unidad familiar de la iglesia. Apocalipsis 12:17 dice que el diablo está haciendo guerra contra la iglesia de Dios y su pueblo, y el enemigo de nuestras almas utiliza los que son, o que profesan ser seguidores de Jesús para combatir uno con el otro. Es hora de despertar del letargo que tan fácilmente nos acosa. Cuando le dije a un amigo que estaba escribiendo un libro acerca de la crítica en la iglesia, me dijo: "No lo necesitamos-ya sabemos cómo criticar." Aunque él estaba siendo gracioso, su declaración era justa. Hay un elemento crítico en todos nosotros que surgimos a la vida en el Jardín del Edén, después que Adán aceptó el carácter del enemigo. El enemigo separo Adán y Eva de Dios y luego el uno del otro.

La crítica se inició en el cielo cuando Lucifer puso en duda la autoridad de Dios. Una tercera parte de los ángeles del cielo convino con él y fueron lanzados fuera del cielo. Algún tiempo después, Satanás se dirigió al Jardín del Edén. El enemigo cuestionó la palabra de Dios y plantó una semilla negativa de duda y crítica en la mente de Eva, y poco tiempo más tarde, después que Eva desobedeció y se vio expuesta, ella, criticó la serpiente. Entonces Adán también critico a Dios y la mujer que Él le dio (Gen. 3:12). Pero note que Dios no criticó a nadie.

Hemos heredado este mismo tipo de actitud negativa, incluso hasta el punto de pensar que es normal encontrar faltas en los otros. Y a menos que cultivemos una actitud positiva, el enemigo habrá ganado la victoria sobre nosotros. *La actitud que mostramos es la actitud que elegimos.* Podemos tener una actitud positiva o una actitud negativa, es nuestra decisión.

Nuestra victoria está en Cristo Jesús. Él prometió en Génesis 3:15 poner odio entre el enemigo y el pueblo de Dios. No es nuestra tendencia natural odiar el mal, sino que es una tendencia sobrenatural infundida en nosotros por medio del Espíritu Santo. Tengo la confianza de que todo el cielo está haciendo todo aquello que se puede hacer para salvarnos. Dios es paciente para con nosotros, no queriendo que ninguno perezca (2 Pedro 3:9).

He oído las expresiones "nosotros, ellos, ellas y ustedes" ser utilizadas cuando una persona está criticando a otra persona o grupo de personas. Esto sólo nos separa más. Me gusta más terminología: "Una parte del núcleo familiar de la iglesia piensa esto o aquello, y la otra parte de la familia tiene una opinión diferente. "¿Acaso no somos todos una familia? ¿No es hora que nos demos cuenta de eso? Ya es demasiado tarde en la historia del mundo para que nos comportemos de una manera que no está en armonía con Jesús.

¿Por qué este espíritu crítico? ¿Cómo se puede evitar? ¿Dónde se puede ir para recibir ayuda? ¿Cuándo serán estas actitudes extremas o polarizaciones terminadas? Ruego que los capítulos siguientes sean una bendición para usted y que su relación con Jesús, su familia, su unidad familiar de la iglesia, y su comunidad sean eternamente mejoradas como resultado.

Capítulo 2

Mi Justicia Propia

Si este mensaje no tiene una base sólida, no va a durar. Así que me gustaría establecer una base de por qué estoy escribiendo sobre este tema.

Durante muchos años yo tenía un espíritu muy crítico. Sin mi conocimiento, este espíritu crítico estaba matando la unidad familiar de mi iglesia. Por encima de todo, me estaba matando a mí espiritualmente. Mi "primer amor" se había casi extinguido, pero alabado sea el Señor, Él no me dejó en esa condición. Al mirar atrás recordando esos días, me siento avergonzado por mi comportamiento. Me proponía ser un embajador de Jesús, pero casi de inmediato mi espíritu crítico era evidente.

Poco después de que el Espíritu Santo tocara vida, tuve que viajar a la ciudad de Buffalo, Nueva York, para una cita. Cuando salí de mi vehículo, un indigente me pidió un dólar. Con solo verlo yo "sabía" que él iba a comprar alcohol con el dinero así que le dije: "No te voy a dar dinero, pero tengo algo para ti," y le di una literatura cristiana.

Él me respondió: "Oh, usted es cristiano. ¿Qué dice Juan 3:16?" "No lo sé", admití. ¡Lo repitió de memoria! Luego me preguntó "¿Cuál es el versículo más corto de la Biblia?"

Le volví a responder: "No lo sé". ¡Me repitió de memoria esa cita también! Hablamos durante unos treinta minutos, y sí, le di un dólar. Siempre que iba a Buffalo, buscaba a Bob para que pudiéramos almorzar juntos.

Algunos años más tarde tomé un periódico de la mañana y para mi sorpresa vi la foto de Bob en la primera página. Leyendo el artículo, descubrí que mi amigo era un verdadero cristiano de una manera muy práctica. Vivía en el centro de refugio, y cuando alguien venía y no había lugar para él, Bob le daba su cama. Él también pedía limosna para aquellos que eran menos afortunados que él. Leí el artículo con incredulidad. Mi amigo nunca mencionó este aspecto de su vida el simplemente lo hacía con humildad.

Al principio había juzgado a Bob como un alcohólico vagabundo sin sentido de propósito en la vida. Lo estaba mirando a través de un

ojo crítico. El
Señor, sin embargo, tenía un plan divino para esa cita. El Señor
Quería revelarme una visión de mi propio carácter.

Jesús conocía mi carácter y desde el principio estaba tratando de
guiar mis pensamientos, pero a medida que pasaba el tiempo me volví
más y más crítico. Yo creía que estaba haciendo la voluntad de Jesús, sin
darme cuenta que el enemigo estaba detrás de muchas de mis palabras
y acciones. Doy gracias a Dios por cuan misericordiosamente Él trató
conmigo cuando en realidad yo no era ni compasivo ni paciente con
los demás, sobre todo dentro de la unidad familiar de mi iglesia.

Cuando me convertí al cristianismo y me uní a una iglesia que cree
en la Biblia, mi deseo era seguir a Jesús de todo mi corazón. Estaba
convencido entonces y todavía lo estoy que fue el Espíritu Santo quien
me llevó a esa iglesia. Sin embargo, poco después de eso comencé a
centrarme en las obras que debía hacer como cristiano. Debido a esto
me sentí obligado a hacer algo, así que me involucré en todo, al mismo
tiempo yo creía que todo se debía hacer exactamente como yo lo
quería. Si no se había hecho a mi manera, entonces no se había hecho
correctamente. Incluso le comente a un pastor: "No creo que nadie
pueda hacer las cosas tan bien como yo."¡Qué absurdo!

Tengo que reconocer la sabiduría de este pastor precioso, que
para no aplastar y destruir mi ánimo solo me respondió "Me alegro
que tenga tanta confianza en usted mismo" Realmente tenía un alto
concepto de mí mismo y de las capacidades que poseía. Con el tiempo
me apodaron "el Papa", y siendo un ex católico, llegué a pensar que era
algún tipo de honor.

Juzgaba a otros por mis normas, y trataba hacer de ellos una copia
de carbón de mí mismo. Si no se vestían, si no hablaban o si no comían
bien, si llevaban joyas o si su actitud no era como la mía, entonces su
relación con Jesús no era genuina.

Es el propósito de Dios recrearnos a su imagen, pero, por desgracia
yo estaba, ciego a esa realidad. Jesús es el modelo a seguir para nuestras
vidas. Ningún ser humano ha de reemplazar a Jesús en nuestra vida.
Muchos tienen un concepto elevado de su propia opinión pero Pablo
nos aconseja "estimando cada uno a los demás como superiores
a él mismo" (Filipenses 2:3). Oh que experiencia maravillosa nos
aguardaría si todos pudiéramos apropiarnos de esta mentalidad.

La Palabra de Dios dice que esto es alcanzable: "Haya, pues, en vosotros este sentir que hubo también en Cristo Jesús" (Filipenses 2:5).

Dios nos ha dado el privilegio de trabajar con él, así que no desperdiciemos las oportunidades que Jesús pone ante nosotros. Él desea

Él desea derramar sus bendiciones sobre nosotros. Pero tenemos que buscar las oportunidades que Dios ha dispuesto para que nosotros podamos servir a los demás, con el fin de permitir que las bendiciones fluyan a través de nosotros hacia los demás. El Señor nos presenta numerosas oportunidades, aprovechémoslas, porque generalmente solo las tenemos una vez en la vida.

Capítulo 3

Primera Experiencia que Cambia la Vida

He tenido tres experiencias que me han cambiado la vida. Cuando mi hija menor tenía quince o dieciséis años se metió en todo. Los cigarros, el alcohol, y las drogas se volvieron como normales para ella. A veces se iba de la casa una noche y no regresaba hasta el día siguiente. Y cuando regresaba era solo para continuar un pleito tras otro. Como cualquier padre que ama a sus hijos me sentía muy frustrado. Discutíamos acerca de con quién estaba, qué estaba haciendo, y donde iba. A veces Incluso le miraba sus ojos para ver si estaban dilatados, sabiendo que era inútil hablar con ella si estaba drogada.

Finalmente, el Espíritu Santo me reveló a mí que no me estaba conduciendo como un cristiano. No sólo eso, me convenció de que yo estaba siendo una piedra de tropiezo para mi hija. Caí de rodillas y confesé mi fracaso como padre y le pedí perdón a mi Padre celestial. Luego la coloqué en sus manos, sabiendo que Él era un Padre superior, mejor de lo que yo jamás podría llegar a ser. De hecho, sentí el peso por la responsabilidad de mi hija ser levantado de mis hombros cuando le derramé mi corazón a Dios en oración. El Señor había llevado mi problema, y Él me dio la tranquilidad que sólo viene cuando te rindes a Él. También descubrí el hecho de que desde que el pecado entró en este mundo todos hemos venido de, y somos parte de familias disfuncionales. A través de mucha oración, le permití al Señor que me ha cambiara, y luego vi como Él también cambiaba a mi hija. Durante un período de seis meses más o menos, empecé a ver un cambio en la actitud de mi hija. Ella empezó a venir a casa por la noche, ya no se quedaba toda la noche fuera de casa, finalmente dejó de fumar, beber y usar drogas. Fue un momento de alabanza y regocijo ante el Señor. Unos seis meses después, se bautizó. Fue entonces cuando me di cuenta que yo había sido un obstáculo al no permitir al Espíritu Santo hacer lo que mejor sabe hacer, es decir traer almas a vivir en una relación duradera y de amor con Jesús.

Es imperativo que le permitamos al Espíritu Santo la libertad de impresionar a los demás con la misma influencia salvadora que utilizó para llevarnos a nosotros a una relación con Jesús. Creo que la cosa más influyente que podemos hacer es vivir la vida que Jesús quiere que vivamos. Eso será más poderoso que cualquier sermón que se predica en una iglesia. Además, yo creo que en realidad no entendemos el poder de la oración.

Pero mi viaje espiritual estaba lejos de terminarse. Lo que sucedió algunos años después, realmente me sorprendió.

Capitulo 4

Cuestionando Mi Condición Espiritual

El segundo acontecimiento, que ocurrió unos años más tarde, se produjo mientras estaba involucrado en un ministerio de transporte en la ciudad de Nueva York. Mi familia y yo fuimos invitados a ser voluntarios en este ministerio, con entusiasmo decidimos ayudar en todo lo que pudiéramos En ese momento yo no sabía que el Señor usaría esa experiencia para inspirarme a hacer un cambio radical en mi manera de pensar. Como yo todavía tenía la actitud de querer hacer las cosas a mi propia manera. El Señor puso la función de liderazgo de ese ministerio en las manos de otra persona. Era una persona a quien yo admiraba y respetaba, por lo que era bastante fácil seguir instrucciones y hacer lo que se me pidiera hacer sin imponer mi voluntad sobre ella en cuanto a como se debían hacer las cosas.

Después de ser voluntario durante varios años, fuimos invitados a una boda, que tuvo lugar en la sede del ministerio. Fue una boda cristiana apropiada. Los hombres vestían trajes, las mujeres llevaban vestidos. La música era apropiada, y todo iba bien.

Sin embargo, cuando la ceremonia estaba a punto de comenzar, miré alrededor y, para mi sorpresa, noté a una joven que acaba de llegar usando maquillaje, pantalones vaqueros, una blusa y un chaleco de mezclilla. Yo no podía creer lo que estaba viendo. ¿Me traicionaban mis ojos? No, ella estaba en la boda vestida inapropiadamente. De inmediato supe que tenía necesidad de iluminación espiritual, y yo me encargué de ponerla en la senda correcta.

En la recepción Finalmente me dirigí hacia ella y comencé una conversación pequeña con el motivo oculto de fijar su pasos en la senda correcta Finalmente le pregunté si ella era cristiana. Ella respondió afirmativamente y dijo que acababa de ser bautizado la semana pasada. Naturalmente supuse que ella pertenecía a un movimiento muy carismático, por lo que le pregunté a qué iglesia asistía. Para mi consternación, era la misma denominación de la que yo era miembro. Decir que me sorprendió sería quedarse corto. Le pregunté quién la bautizó. Conocía al pastor que ella nombró, y esto parecía fuera de carácter para él.

Tiempo después tuve la oportunidad de hablar con el pastor, y le pregunté por qué había decidido bautizarla. Él me dijo: "Bueno, ella estaba bajo la convicción del Espíritu Santo que debía ser bautizada" Él había llamado el presidente de la conferencia y se le dijo "si ella está bajo convicción, entonces bautízala." Yo conocía tanto al pastor como al presidente de la conferencia. Sabía que eran siervos de Dios. Aunque yo estaba preocupado todavía, pensé: *¿Quién soy yo para cuestionar la obra del Espíritu Santo y los siervos, través de quienes Dios está trabajando?*

La mayor sorpresa estaba por llegar. Le pregunté si le gustaría ser voluntaria en el ministerio, y ella aceptó. Entonces le dije que ella tendría que usar una falda y una blusa o un vestido. Rápidamente indicó que podía hacer eso, al mismo tiempo me comunicó que iba a necesitar transportación. Yo acordé proporcionarle el transporte la mañana siguiente.

Como alguien acostumbrado a vivir en un pueblo pequeño del campo. Ahora me encontraba tratando de navegar través de Nueva York. Queriendo estar a tiempo, había salido temprano para poder encontrar la casa. Mientras estábamos conduciendo de vuelta a la sede del Ministerio, le pregunté cómo se hizo cristiana El Espíritu Santo no me preparó para el testimonio que estaba a punto de escuchar, y me cayó como una tonelada de rocas.

Vivía en las calles de la ciudad de Nueva York cuando el Señor tocó su vida. Se había quedado sin hogar y estaba usando drogas fuertes, fumando, bebiendo y viviendo una vida que no estaba en armonía con Jesús. Cuando Jesús tocó su vida, las cosas empezaron a cambiar. Los cigarrillos y alcohol cayeron junto al camino. El Espíritu Santo se estaba moviendo en su corazón, y ella estaba respondiendo. ¡Alabado sea Dios! Cuando dejó de consumir drogas, su novio la rechazó y la abandonó.

Me dijo: "Lloré y lloré, pero luego me di cuenta de que tenía a Alguien mejor. ¡Tenia a Jesús! fue entonces cuando el Espíritu Santo me declarado culpable de el hecho que esta hija preciosa de Dios, que el día antes yo había juzgado como en necesidad de iluminación espiritual, tenía una mejor relación con Jesús que yo. En ese mismo momento mi actitud comenzó a cambiar. Empecé a mirar a los demás a través de los ojos de Jesús y ver a lo que podrían ser a través de su poder y fuerza "'No con espada, ni con ejercito, mas con mi Espíritu, ha dicho Jehová de los ejércitos" (Zacarías 4:6).

Cada uno de nosotros tiene necesidad de experiencias que cambien la vida, que hagan abrir nuestros ojos y que dejen que Jesús nos convierta en la persona que Él quiere que seamos. Jesús nos dará oportunidad tras oportunidad para cambiar, pero este cambio sólo puede ocurrir cuando le permitamos al Espíritu Santo que nos muestre lo que hay dentro de nuestros propios Corazones. Centrándonos así en Jesús, tornando nuestros ojos y mentes lejos de los demás. Al contemplar a Jesús seremos semejantes a él. Al contemplar a Jesús seremos semejantes a él.

Si usted quiere buscar lo negativo, usted encontrará lo suficiente para criticar, pero si usted desea ser una persona de pensamiento positivo, usted será llevado a ver a la gente y las situaciones bajo una luz diferente. Será conducido a verlas como Jesús las ve. Esta experiencia me ayudó a darme cuenta que mi actitud necesitaba ser ajustada. Por lo consiguiente, debido a esta comprensión, estoy ahora más abierto a la dirección del Espíritu Santo.

¡Perdemos tanto tiempo, tanto nuestro tiempo come el de los demás, por ser tan obstinados y de dura cerviz! ¡Somos tan lentos para aprender! Me alegro de que Dios tenga una cantidad abundante de paciencia. Su misericordia nos debería agobiar y vencer, sin embargo, somos tan impacientes unos con otros. ¡Impacientes! Sí, queremos que todo lo necesitamos o queremos se haya terminado ayer. Triste, ¿verdad? Si queremos que esto cambie, tenemos que cambiar nosotros y no pretender que lo hagan los demás.

Capítulo 5

Otra Intervención del Espíritu Santo

La tercera experiencia ocurrió unos años más tarde cuando el Espíritu Santo estaba llevando a mi hijo a tener una relación más personal con Jesús. Él vivía con su novia y su hijo cuando empezó a responder a los susurros del Espíritu Santo. Él me llamaba semana tras semana para hablar. Finalmente llamó y dijo que iba a asistir a la iglesia. Mi primer impulso fue decir: "¿Y qué acerca de la forma en que están viviendo?"Pero el Espíritu Santo me susurró al oído: "Estad quietos". A la semana siguiente, cuando llamó, mencionó que se había unido al equipo de ministerio personal, y otra vez lo que quería decir fue: "¿Y qué sobre la forma en que están viviendo?"Una vez más, el Espíritu Santo dijo "Estad quietos".

A la semana siguiente, avanzó a ir de puerta en puerta para compartir literatura. Usted probablemente ya sabe lo que quería decirle, pero no lo hice. Cuando me llamó la cuarta semana y me dijo que estaba listo para dar estudios bíblicos, apenas podía contenerme. Prácticamente me tenía sentado en el borde de mi silla, me sentí obligado a discutir con él acerca de la forma en que estaba viviendo. Sin embargo, el Espíritu Santo realmente me impresionó "Cállate," y me alegro de haberlo hecho.

Había elevado muchas veces mi hijo y su novia en oración y ahora doblé mis esfuerzos. Me di cuenta de que esta situación estaba en las manos del Señor, el mejor lugar en que podía estar. En cinco semanas, justo a tiempo, recibí su llamada usual. Pero esta vez me informó que él y su novia habían decidido casarse. Casi salté de mi silla. "! Alabado Dios!", grité. Entonces me di cuenta de que en todas nuestras conversaciones anteriores, si no hubiera oído la voz del Espíritu Santo y en vez le hubiera dicho a mi hijo lo que estaba pensando se podrían haber casado por mí. Pero ahora sabía que se estaban casando por Jesús.

¿No es esa la forma que debería ser? Tenemos que dejar de estorbar al Espíritu Santo sin embargo, muchos de nosotros tratamos de usurpar la autoridad del Espíritu Santo. Como padres, porque queremos lo mejor para nuestros hijos, cometemos el error fatal de esforzarnos demasiado. En vez de llevarlos a Jesús, nos convertimos en un obstáculo, que los aleja del Único que puede salvarlos.

Mi hijo es ahora un anciano ordenado en la iglesia. Da estudios bíblicos a los jóvenes de su vecindario, y viaja a diferentes iglesias para predicar. Él y su esposa tienen cuatro hijos, y sus hijos están activos en la iglesia y son una bendición en su comunidad. El hijo mayor está ahora en la universidad, y los demás le seguirán pronto.

Este es sólo un ejemplo de lo que el Espíritu Santo puede hacer si se lo permitimos. Todo esto podría haber sido destruido si hubiera decidido seguir mis propios deseos y expresado mis pensamientos críticos a mi hijo, tomando así control y no permitir que el Espíritu Santo obrara en sus vidas. ¡Servimos un Dios Creador sublime!

Capítulo 6

La Influencia de un Pastor

Quiero compartir con usted la historia de un pastor. Es el pastor más humilde con quien he tenido el privilegio de trabajar. Yo era el primer anciano en ese tiempo, y conectamos de inmediato. Cuando llegó por primera vez, hablamos durante unos cuarenta y cinco minutos en la oficina de la iglesia. Reímos, lloramos, y oramos juntos.

Antes de predicar su primer sermón, el pastor nuevo convocó una reunión con la membresía de la iglesia en pleno. Él quería saber precisamente lo que nosotros esperábamos de él. Ahora déjeme señalar que esta familia eclesiástica estaba dividida en dos grupos. Una parte de la familia quería oír nuestra doctrina ser predicada, y el otro grupo quería escuchar más acerca de Jesús y como Él es el centro de todo lo que la Iglesia enseña. Nos criticábamos entre sí por tener estos puntos de vista diferentes.

Cuando comenzó la reunión, el primer el grupo habló acerca de cómo nuestras doctrinas son hermosas y de como necesitamos escuchar más de ellas. Esta idea fue expresada una y otra vez con más y más determinación. Me encontré deseando hablar con respecto a Jesús siendo Él el centro de nuestras creencias, pero fui inspirado a no decir nada.

Después de escuchar pacientemente durante unos treinta minutos, el pastor habló, todos los ojos lo miraban fijamente. "Es vedad que nuestra doctrina es hermosa. Así que quieren que yo predique enseñanzas suaves, cosas que les hagan cosquillas a sus oídos. *"Pensé ¿De qué está hablando este hombre?"*

Luego agregó: "Yo podría hablar sobre lo que nos pasa cuando morimos, y cuando se vayan de aquí, pueden decir: "Yo ya sabía eso." Como puede ver, eso sería una enseñanza suave, una enseñanza que les hace cosquillas a sus oídos. Cualquier cosa que usted ya conoce se convierte en una enseñanza suave."

Nunca había pensado en algo así antes. Luego continuó diciendo, "Jesús anhela tener tu corazón, y cuando tiene tu corazón todo lo demás encajará en el lugar apropiado."

En ese momento me di cuenta que este pastor era el hombre que el

17

Señor sabía nosotros necesitábamos. El espíritu cristiano de la iglesia comenzó a desarrollarse inmediatamente, y el Señor comenzó a enviar miembros antiguos e invitados nuevos a nuestra iglesia cada sábado. Este pastor estuvo con nosotros por dos años, y nuestra asistencia se triplicó en ese período de tiempo.

Por supuesto que rebosábamos de alegría, porque muchas almas estaban siendo ganadas para el Señor, la iglesia se estaba llenando y nos dimos cuenta también que el Señor estaba confiando en nosotros el cuidado de su pueblo. Dios tiene hijos que no asisten a una iglesia, o en otras iglesias, esperando que nosotros trabajemos unidos para que Él pueda enviarlos a nosotros.

Alrededor de un año después de esta experiencia, este mismo pastor estaba conduciendo una reunión de la junta en la que algunos de los miembros de la junta lo estaban criticando y acusándole de un incidente del cual yo sabía él no tenía conocimiento. Escuchó con mucha paciencia, como siempre. Después de quince minutos más o menos de comentarios acusadores, humildemente dijo: "Lo siento mucho por favor, perdónenme "Con esa respuesta, la reunión pasó de ser hostil a estar centrada en Cristo. Ni una sola vez trató de defenderse, que suele ser nuestra tendencia natural. No hace falta decir que su respuesta fue un excelente momento educativo para mí. Desde entonces nos hemos trasladado a áreas diferentes, pero hemos seguido mantenido nuestra amistad a través de los años.

Capitulo 7

Experiencias de un Pastor Laico

Después de algunos años me pidieron que fuera el pastor laico de una de nuestras iglesias. La congregación estaba alquilando una iglesia de otra denominación. Empezamos con aproximadamente doce miembros. El Espíritu estaba presente, y dentro de seis meses, la iglesia tenía cuarenta y cinco a cincuenta personas asistiendo. Las reuniones de oración eran bien atendidas, las juntas de iglesia eran relajadas y productivas, esperamos con interés los servicios de adoración. Además, una radioemisora de baja potencia transmitiendo las veinticuatro horas iba a ser realidad en un futuro cercano. Todo se estaba moviendo sin problemas, y no pasó mucho tiempo antes de que decidiéramos construir nuestra propia iglesia.

Las cosas empezaron muy bien, pero pronto se hizo evidente que el espíritu hermoso que una vez habíamos tenido se estaba deteriorando rápidamente. Después de mirar treinta y cinco propiedades, algunas con edificios y otras con terreno baldío, la familia de la iglesia se estaba fracturando. Cuando una propiedad era presentada, la mitad de la familia eclesiástica aprobaba y la otra mitad se oponía. Lo que una parte de la iglesia aprobaba, la otra parte lo rechazaba. Cuanto más analizábamos diferentes propiedades más divisivos nos convertíamos. Esto continuó durante unos dos años. Nos estábamos autodestruyendo irremediablemente, debido a esto un espíritu crítico comenzó a desarrollarse Estábamos encontrando fallas y errores en todo, no importaba lo inocente o bueno que algo fuera. Los miembros se hablaban por teléfono para discutir y debatir diferentes temas, y todos los ministerios de la iglesia estaban siendo socavados por esta práctica.

Tras varios meses de resentimientos, y meses de reunirnos, estábamos separados más que nunca. El presidente de la conferencia, que Dios lo bendiga, se reunió con nosotros semana tras semana, seis reuniones dentro de dos meses, pero fue en vano. Acusaciones graves se hicieron en ambas direcciones. Fuimos demasiado tercos, obstinados, orgullosos y críticos para permitir que el Espíritu Santo nos cambiara. Por ese tiempo la radioemisora

19

estaba a punto de convertirse en una realidad, y la unidad familiar de la iglesia estaba en desorden completo. Yo creo que puede percibir la imagen de lo que estaba pasando. Lo que había empezado como una experiencia positiva ahora estaba declinando rápidamente tanto así que parecía un viaje frustrante y negativo. Mas recuerde esto, el Espíritu Santo está siempre, (y hago hincapié en siempre) tratando de mostrarnos nuestros errores, no las faltas de otra persona. Tenemos más que suficiente para tratar cuando escudriñamos nuestros propios corazones. A medida que los problemas en iglesia aumentaron, empecé a examinar mi propio corazón, yo no era ingenuo como para creer que yo no era parte del problema. Por consiguiente, lo que el Espíritu Santo me reveló no fue un cuadro bonito. Él me impresionó con el hecho de que yo no estaba representando a Jesús de la manera que Él quería que yo lo representara. Había mucho por lo que debía arrepentirme.

Tuve que poner mi vida de oración a toda marcha. Fui muy específico. Oré de esta manera: "Padre, quien sea que está obstaculizando tu trabajo, remuévelo y aléjalo. Si tienes que, llamarlo al descanso de la muerte hazlo, pero sálvalo." No oré así por malicia, sino por el cariño que le tengo a la obra del Señor e interés por la salvación de esa persona. Luego añadí: "padre, si yo estoy obstaculizando tu trabajo, remuéveme y aléjame. Si tienes que, llamarme al descanso de la muerte hazlo, pero sálvame. Amén. "Dentro de tres meses, el Señor movió parte de la familia eclesiástica a otros lugares. No quiero extenderme más allá sobre este asunto por miedo a abrir heridas viejas, pero esta situación demuestra que Dios está listo para asistir a sus hijos si ellos desean alcanzar la unidad dirigiéndose a Él.

Cuando examino la causa principal de la mayoría de los problemas en la iglesia, creo que tienen sus raíces en el espíritu crítico y este espíritu tiene sus raíces en el orgullo-orgullo de exaltarse a sí mismo, creerse a sí mismo superior a otra persona, o actuar como si nuestra opinión es la única digna de ser escuchada y obedecida. Cuando extrae el "yo" del orgullo, entonces el orgullo desaparece. El espíritu crítico puede empezar como un capullo, pero no pasará mucho tiempo antes de que este en floración plena.

He descubierto que la mayoría de la discordia en la iglesia se centra alrededor de la comida, el vestido, la teología, la música, las joyas, y el dinero. Aunque estos temas son importantes, no pueden tomar el lugar del evangelio. Si el espíritu crítico no se somete bajo la influencia del

Espíritu Santo, todos los ministerios de la iglesia se verán afectados y socavados por él. Será prácticamente imposible para el Señor abrir las puertas de la iglesia a los que están al margen esperando para entrar en el rebaño. Cuando tenemos el espíritu equivocado, Dios no puede confiarnos el cuidado de su pueblo. Es hora de percibir la miseria de nuestra condición espiritual e ir hacia adelante porque la viña del Señor ya está madura. Jesús nos dará el espíritu y la valentía y también proporcionará cada una de nuestras necesidades. La obra es del Señor, y para terminarla Él tiene a su disposición todos los recursos del cielo.

El Padre, el Hijo y el Espíritu Santo no son sorprendidos con el intento del enemigo tratando de perturbar la iglesia. Están preparados para resistir cualquier intento de su parte que pueda causar estragos entre nosotros. ¿Podemos confiar en ellos lo suficiente para triunfar sobre cualquier dificultad que pudiera surgir? Nuestras palabras pueden decir que confiamos en que Dios cuidará de nuestra iglesia, pero nuestras acciones hablan por sí solas cuando decidimos atacarnos unos a otros.

Si cuando nos encontramos con personalidades diferentes en nuestro hogar, en la comunidad, y en la iglesia, hablamos palabras críticas y entretenemos pensamientos críticos, ¿Creemos realmente que cuando Jesús regrese vamos a entrar directamente a la eternidad con Él? Estamos perfeccionando nuestros caracteres aquí en la tierra en preparación para el cielo.

Entiendo que algunas personas son extremadamente difíciles de tratar, pero si hemos de ser como Cristo, tenemos que aprender a vivir con personas difíciles. Una de las cosas que hago cuando alguien me irrita es orar para que sea mi vecino en el cielo. Usted no puede estar disgustado con alguien por quien está orando.

Cuando observamos las Escrituras y leemos acerca de los gigantes espirituales como Abraham, José, Moisés, Josué, David, Daniel, y todos los apóstoles, incluyendo a Pablo, debemos darnos cuenta que. Lo tuvieran como un privilegio el vivir en este tiempo. Ellos podrían hacer una labor mucho mejor para apresurar la segunda venida de Jesús de lo que nosotros jamás pudiéramos hacer, sin embargo, Dios te ha escogido a ti y a mí para vivir ahora, en este momento apasionante de la historia. Hemos recibido el enorme privilegio de estar aquí para testificar de Jesús al mundo. ¿Estás siendo un buen testigo? ¿Estás representando el carácter Jesús, nuestro creador y restaurador? ¿O estás actuando como el enemigo quien nos quiere destruir? Es tu decisión. El espíritu de Jesús es "amor, gozo, paz, paciencia, benignidad, bondad, fe, mansedumbre, [y] templanza"(Gálatas 5:22, 23). El ministerio de Jesús estaba centrado en edificar y alentar a las personas. El enemigo es todo lo contrario.

Satanás quiere desanimarnos, quiere derribarnos, critica nuestras acciones, y, sobre todo, roba nuestra alegría con el fin de destruirnos. ¡La única seguridad que tenemos está en Jesús!

Esta declaración es muy oportuna: "Ha llegado la hora de hacer una reforma completa. Cuando ella principie, el espíritu de oración animará a cada creyente, y el espíritu de discordia y de revolución será desterrado de la iglesia" (*Servicio Cristiano*, pagina 53)

A medida que nuestra iglesia comenzó escalar hacia arriba de nuevo, el Señor me impresionó que tenía que renunciar a mi posición pastoral. Seguí su dirección. El Señor nos envió la persona indicada como pastor, y nos sentimos muy agradecidos a Dios por ello. Empezamos a orar unos por otros; comenzamos a comunicarnos unos con otros y amarnos unos a otros de nuevo. También tuvimos a bien adoptar por voto como iglesia la siguiente práctica. No escucharíamos críticas ni promoveríamos un espíritu negativo. Me preguntaron: "¿Cómo se ejecutará eso? Simple. Simplemente no responda a ningún comentario negativo y el espíritu negativo morirá.

No pasó mucho tiempo antes de que el Señor comenzara a enviar a sus hijos a nuestra iglesia. Nos dimos cuenta que el Señor sabía que ahora no había peligro de conducir a sus hijos hacia nosotros. El Señor sabía que los amaríamos hasta que pudieran identificar el mensaje Cristo céntrico que Él tiene preparado especialmente para el tiempo del fin.

¿Y qué acerca de nuestros hijos? ¿Nuestro los afecta espíritu crítico? ¡Sigua leyendo!

Capítulo 8

¿De qué manera esto afecta a nuestros niños?

El peligro más grande es que nuestros hijos heredan de nosotros este espíritu crítico. Si tenemos un espíritu crítico, se manifestará naturalmente en nuestros hogares, y nuestros hijos se verán expuestos a él. Debido a este patrón de conducta, nuestros hijos llegan a pensar que tener esta actitud es normal. A la hora de comer nos sentamos a la mesa y criticamos sin reservas a cualquiera que no esté de acuerdo con nosotros. Hablamos acerca de ellos y tratamos de hacer que nuestra posición tenga la apariencia de lucir bien. Nuestros pastores y maestros son generalmente a los que más criticamos. ¿Acaso, no es eso lo que el enemigo quiere? A pesar de que no los invitamos a comer, ellos se convierten en el plato principal de la discusión.

¡Señor, ten compasión de nosotros! Si tan sólo pudiéramos obtener una vislumbre de cómo Jesús nos ve-y de como Él puede ver hasta lo más profundo de nuestro ser, y de como no hay nada que se pueda esconder de sus ojos—Él nos ve como somos realmente—sin duda entonces, clamaríamos ¡Oh, que miserable soy!" No cabe duda en mi mente que el

Espíritu Santo está tratando de mostrarnos a cada uno de nosotros lo que somos en realidad.

Aunque nuestros hijos, parecen estar distraídos ellos están captando todo. Cuando estamos en el teléfono haciendo comentarios negativos y chismeando, los niños lo están absorbiendo todo, y lo peor de todo, es que están oyendo solamente una parte de la conversación. En esto estamos trayendo sobre nuestros hijos desgracia y ruina. Como padres, se supone que los estamos preparando para una eternidad con Jesús, sin embargo, a menudo tenemos la actitud del enemigo. La Palabra de Dios dice: "Pero si os mordéis y os coméis unos a otros, mirad que también no os destruyáis unos a otros" (Gálatas 5:15).

Si verdaderamente somos hijos de Dios, entonces se nos dice "En esto conocerán todos que sois mis discípulos, si tenéis amor los unos por los otros" (Juan 13:35) Si siguiéramos el mandato de Jesús, entonces protegeríamos la reputación el uno del otro en lugar de tratar de destruirla. Lea Gálatas capítulo 5 completamente. Usted verá en los versículos 19 a 23, que Pablo menciona las obras de la carne. Entre ellas se encuentran algunos pecados graves: odio, discordia, celos, arrebatos de ira, ambiciones egoístas, y disensión. Pablo continúa diciendo que "los que practican tales cosas no heredarán el reino de Dios "(versículo 21).

Pablo no nos abandona en el desaliento, sino que luego también hace una lista de los frutos del Espíritu: "amor, gozo, paz, paciencia, benignidad, bondad, fe, mansedumbre [o humildad, y] templanza" (versículos 22, 23). A continuación, afirma, "Contra tales cosas no hay ley" (versículo 23). Podemos tener tanto de éstos frutos como queramos. Filipenses 4:13 dice: "Todo lo puedo en Cristo que me fortalece."

O bien difundimos el amor de Dios o el odio del enemigo. Es nuestra decisión. ¿Qué decisión va a hacer, y cómo va a lograr lo que se propone? ¿Podemos obtener la victoria sobre tal recrudecimiento en contra de Dios y en contra de nuestro prójimo? ¡Sí! La victoria puede ser nuestra si le permitimos al Espíritu Santo moldearnos y formarnos a la semejanza de Jesús. Lea la Palabra de Dios. Consúmala. Busque el perdón de Dios y de su prójimo. Reclame la promesa en 1 Juan 1:9 que dice: "Si confesamos nuestros pecados, él es fiel y justo para perdonar nuestros pecados y limpiarnos de toda maldad." Ore como nunca ha orado antes clame a Dios y pídale que lo recree a imagen y semejanza de Jesús. Si acaso ha hecho comentarios críticos frente a sus hijos, llévelos con usted cuando usted vaya a pedir perdón de su prójimo, o de lo contrario seguirán teniendo la misma opinión de esa persona debido a los comentarios negativos que usted hizo. En el Padre Nuestro de Mateo 6, la única parte que Jesús volvió a subrayar fue la del perdón (ver los versículos 14, 15).

Cuente cuantos pude resistir sin hacer ningún comentario crítico en su casa. Es posible que al principio no pueda resistir más de una hora, pero no deje de presentar su pedido delante del trono de la gracia, y Dios le dará la victoria sobre el espíritu crítico. Mas proceda con cuidado porque el enemigo hará todo lo posible para que usted lo represente a él y no a Jesús.

Desafortunadamente durante una de las juntas de iglesia yo no lo sabía pero uno de mis hijos (mi hijo tenía solo once años) y otro joven estaban sentados en las escaleras. A medida que la reunión continuaba nos volvimos hostiles y críticos, el muchacho se voltio hacia mi hijo y dijo "bonita iglesia ¿no crees? Cuando mi hijo me conto este incidente me dejo una impresión duradera.

Había una hermana querida en nuestra familia eclesiástica que, no importaba lo que yo dijera, ella siempre presentaba el punto de vista opuesto. Esto continuó durante varios años lo mejor que se podría decir es que, nuestra relación era tensa. Un día cuando iba conduciendo por la carretera y pensando en esta mujer el Espíritu Santo me impresionó que ella sólo tuviera mis mejores intereses en su corazón y estaba preocupada por mi salvación. Esa fue una revelación para mí. Desde ese día hasta hoy, la he mirado de una manera totalmente diferente. No pasó mucho tiempo antes de que nos hiciéramos amigos.

Como cristianos hemos sido llamados a alentar y a elevar los unos a los otros. Todo depende de cómo miramos a una persona o una situación determinada. ¿Miramos a los demás a través de los ojos de Jesús o de los ojos del enemigo?

Capítulo 9

Oh si Fuéramos Como Jesús

A muchas personas les gusta recontar los instantes en que Jesús fue crítico. Hacen referencia a pasajes tales como Jesús reprendiendo a los líderes religiosos, expulsando a los cambistas del templo, etc. Por favor recuerde, que Jesús hizo esto al final de su ministerio. Las personas que tienen un espíritu crítico parecen olvidar la vida entera de Jesús. Parecen solo recordar los momentos (si se les puede llamar momentos) de crítica. Jesús nunca critico de la manera que nosotros lo hacemos. Le dolía el corazón hacerlo, podía percibir lo que había en el corazón de sus perseguidores nosotros no podemos hacerlo. Tenga también en mente esto, Jesús estaba preparado a derramar su propia sangre por ellos, y aun renunciar al cielo por amor a la raza humana, esta es la realidad más importante de todas. ¿Está usted preparado a morir por las personas a quienes esta criticando? Los líderes religiosos, el mismo pueblo de Dios, fueron quienes llevaron a Jesús ante el pretorio de Pilato. Querían que Jesús fuera crucificado. No descansarían hasta verlo muerto. El gobernador pagano en más de una ocasión declaró "Ningún delito digno de muerte he hallado en él". Es impresionante, las acusaciones se hicieron desde adentro de la "iglesia" y las palabras de aliento vinieron de afuera.

Recibimos suficiente crítica de nuestras familias, nuestros compañeros de trabajo, y otros cristianos que no entienden algunas de nuestras decisiones. No es necesario buscar fallas y errores dentro de nuestro núcleo familiar en la iglesia. Somos llamados a animar y elevar el uno al otro. Por favor, no me malinterprete, el pecado conocido dentro de la iglesia debe ser tratado, pero sólo en la misma forma que Jesús lo haría. En su corazón había un interés enorme por el pecador mientras odiaba el pecado.

Jesús estuvo rodeado por el pecado y el mal toda su vida en este planeta enfermo. Sin embargo, él siempre estuvo lleno del amor, simpatía y compasión de lo alto. *El Deseado de Todas las Gentes* dice "Cada angustia que iba a desgarrar su corazón, cada insulto que iba a amontonarse sobre su cabeza, cada privación que estaba llamado a soportar, fueron presentados a su vista antes que pusiera a un lado su corona y manto reales y bajara del trono para revestir su divinidad con la humanidad. La senda del pesebre hasta el Calvario estuvo toda delante de sus ojos. Conoció la angustia que le sobrevendría. La conoció toda, y sin embargo dijo: "He aquí yo vengo; (en el rollo del libro está escrito de mi)" (Pagina 378).

Jesús fue incomodado a cada paso del camino, sin embargo, se mantuvo fiel a la misión que estaba puesta ante el. Jesús es la Luz del mundo y hemos de dejar que su amor y su luz fluya a través de nosotros hacia los demás. Cierto es que muchas veces nosotros también seremos estorbados y incomodados. Sin embargo, ¿no es emocionante tener el privilegio de ser embajadores de Cristo en el mundo? El Rey de toda la creación nos ha escogido para ser sus embajadores. ¡Sublime Gracia!

Debemos representar a Jesús a cada paso del camino. Cuando observo la estructura de la iglesia, a partir de la membrecía y luego los oficiales de la iglesia local, ancianos, pastores y oficiales de conferencias, tengo la expectativa que cada grupo este espiritualmente por encima del grupo anterior. Por ejemplo los líderes de la iglesia local deben estar espiritualmente por encima de la membrecía; los pastores debe estar espiritualmente por encima de los líderes locales, y los oficiales de la conferencia deben estar un peldaño por encima de los pastores, y así sucesivamente.

Debe existir armonía en todos los grupos de liderazgo, si la falta de armonía existe en cualquier área, también será experimentada en el grupo que se supone estar bajo su ministerio, y todos los ministerios se verán afectados ya sea positiva o negativamente. Esto depende de la armonía y la actitud de los dirigentes. Si se dividen en cualquier grupo elite, la totalidad de la familia eclesiástica se verá afectada.

Capítulo 10

¿Es el mensaje de Salud el Evangelio?

En primer lugar quiero señalar que antes de convertirme al cristianismo, empecé a investigar materiales seculares sobre enfermedades. Mientras más leía más cuenta me daba de que "somos lo que comemos." Empecé a eliminar alimentos provenientes de la carne de mi dieta. No recuerdo lo que leí acerca del cerdo, pero ese fue el primer animal que dejé de consumir. Cuanto más leía estos artículos, más carne eliminaba de mi dieta. Con el tiempo llegué a ser vegetariano, y me alegro de haberlo hecho.

Seis años después comencé a leer la Biblia y noté que los materiales seculares que había leído correspondían con el material religioso que ahora estaba estudiando. Me di cuenta de que el Señor me había estado conduciendo años antes de que yo abriera una Biblia. De hecho, cuando me invitaron por primera vez a una iglesia y me dijeron que habría una cena de hermandad, yo imaginé que la gente pensaría que yo era un poco extraño ya que no fumaba, bebía alcohol, ni comía carne. Naturalmente, me sorprendí cuando la comida comenzó y descubrí que este grupo de personas creían y practicaban lo mismo que yo. Entonces supe sin lugar a dudas que el Señor me había estado conduciendo a través de todos esos años.

Ahora prefiero una dieta basada en vegetales *(vegan en ingles)*. Sin embargo, permítame compartir lo que ha ocurrido en las últimas tres décadas. Muchos de los miembros de iglesia que están involucrados con el mensaje de salud invierten ese mensaje y lo colocan delante de todo lo demás. Esto sucede muchas veces hasta el punto de que se convierte en el evangelio y todo gira en torno al mensaje de salud. Por ejemplo, una persona que conozco desde hace treinta años, incluso juzgaba a los ministros por lo que comían. Estas personas tienen un espíritu muy crítico, y si usted intenta defender el objeto de su crítica, su réplica mordaz es comentar sobre algo que la persona come en particular. Yo me refiero a ellos como "policías de cocina."

La siguiente historia ilustra como esta naturaleza crítica perjudica a otros. Mi sobrino fue bautizado en la playa de Virginia Beach. Su esposa invitó a una vecina a quien ellos le habían testificado por un par de años. Después del bautismo nos reunimos todos en una carpa grande que había sido erigida en la playa para una cena de confraternidad. Cuando estaba listo para comer, me di cuenta de que la vecina de mi sobrino no estaba allí. Pregunté dónde estaba y se me informó que se había ido a casa. Yo sabía que ella tenía planeado quedarse y comer porque había traído un plato para compartir a la cena. Investigaciones posteriores revelaron que ella había preparado un plato de frijoles con tocino. Debido a comentarios desagradables sobre el plato, ella lo tomó y se fue llorando. Al día siguiente visité su casa y le pedí disculpas. Ella fue muy amable, pero yo sabía que el daño ya estaba hecho. Una vez más, debido a la comida, alguien había sido correteado.

¡Qué lástima que somos tan insensibles a los hijos frágiles de Dios! "No hagas que por causa de tu comida se pierda aquel por quien Cristo murió. No deis, pues, lugar a que se hable mal de vuestro bien"(Romanos 14:15, 16).

Al entrevistar a muchos pastores y líderes de iglesia acerca del los problemas más comunes dentro de la iglesia, me encontré con que todos dijeron que se centran en la prioridad del mensaje de salud. En algunos casos resultó incluso dividiendo la familia de la iglesia. Ellos dijeron-y estoy de acuerdo-que una persona se vuelve desequilibrada cuando se va a los extremos con el mensaje de salud. ¿Qué quiero decir con extremos? Extremos es cuando el mensaje de salud sustituye al evangelio.

El verdadero nombre de Bernabé era José, pero se le cambió el nombre a Bernabé, que se traduce como "hijo de consolación" (Hechos 4:36) ¡Oh, si pudiéramos ser llamados un hijo o una hija de consolación! "Si todos los cristianos se asociaran, hablando entre ellos del amor de Dios y de las preciosas verdades de la redención, su corazón se robustecería y se edificarían mutuamente … Si pensáramos y habláramos más de Jesús y menos de nosotros mismos [o de los demás], tendríamos mucho más de su presencia."(*El Camino a Cristo* Pagina 91)

Todos estamos en busca de gozo y paz, y Dios desea que los tengamos. Cuando observo mi vida y evalúo los momentos cuando censuraba y criticaba, descubro que no tenía verdadera alegría y paz. Sólo cuando el Espíritu Santo pudo traspasar mi necedad, me di cuenta de cómo se obtiene la verdadera paz y gozo. Me alegro que sea la responsabilidad del Espíritu Santo transformarnos. No es nuestra tarea asumir su responsabilidad.

Capítulo 11

¿Qué Pasó con los Criticones en la Biblia?

Usted no tiene que profundizarse en las Escrituras para ver lo que le sucedió a los que criticaron a Dios o a su pueblo. Lucifer, quien comenzó la rebelión en el cielo, y la ha mantenido en la tierra, razón por la cual tenemos muerte y destrucción. Éstos son sólo algunos ejemplos de la Palabra de Dios:

- Aarón y María (hermana de Moisés), Coré, Datán y Abiram (Números 12, 16)
- Los hermanos de José (Génesis 37-50)
- Amán (Ester)
- El rey Saúl (1 Samuel 16-18)
- Los que procuraban la muerte de Daniel (Daniel 6)
- Judas Iscariote (Juan 12:1-8)
- Los profetas de Baal (1 Reyes 18:37-40)
- El siervo que no perdonó en la parábola de Jesús (Mateo 18:23-35)

También la mayor parte de los escribas y de los fariseos siempre estaban criticando y tratando de atrapar a Jesús. Su espíritu crítico finalmente los llevó a establecer un plan para matar al Hijo de Dios. Sin excepción el máximo impulsado por la crítica y el odio.

La iglesia primitiva estaba bajo escrutinio constante al igual que la iglesia de hoy, pero, por desgracia, una gran cantidad de las humillaciones hoy en día vienen de adentro de la familia eclesiástica, y esto no debería ser así. Yo no conozco a ninguna persona crítica que haya llevado a alguien Jesús, pero si he visto personas salir de la iglesia debido a que este espíritu murmurador y censurador hirió su corazón.

Cuando miramos a los siervos fieles de Dios que fueron criticados en los tiempos bíblicos, vemos que fueron altamente favorecidos por el Señor y recompensados por su nivel de integridad. Por el contrario, mire la manera cómo la mayoría de los criticones mencionados recibieron lo que merecían. Ellos y sus familias pagaron una pena severa y, posiblemente, estarán entre los perdidos.

Sin embargo, estoy seguro que el Señor los juzgará con gran misericordia. Me alegro que Él es nuestro Juez, nuestro grande y misericordioso Juez sin embargo, Él es también nuestro abogado de defensa.

Esto me recuerda una experiencia en la que me vi involucrado. En una cierta ocasión antes de convertirme al cristianismo, me encontré en el lado incorrecto de la ley por una infracción menor. Después de pasar una noche encerrado y en un banco duro, me llevaron al juzgado. Mientras esperaba que mi nombre fuera llamado, una persona que conocía entró también. Me enteré de que él había cometido un delito un poco más serio que el mío, le pregunte que sentencia creía iba a recibir del juez. Él dijo que el juez lo dejaría ir. Me sorprendí al escuchar eso y pregunté cómo lo sabía. Su respuesta fue: "El juez es mi abogado personal." No hace falta decir que miré con gran interés como lo llamaban al tribunal. Efectivamente, cuando se presentó ante el juez, el juez le hizo algunas preguntas y luego las acusaciones contra él fueron descartadas, yo en cambio, tuve que pagar una multa pequeña antes que pudiera volver a casa.

Trayendo esta ilustración a una aplicación espiritual, ¿cómo va usted estar de pie ante el tribunal de Dios? ¿Conoce usted el juez, y es él también es su abogado defensor? ¿O usted lo piensa criticar a él también?

Todo el cielo se está invertido en salvarte. Nada quedará ignorado; ninguna piedra sin remover. Todo lo que puede ser hecho se hará hecho para salvarte. No habrá excusa para aquel que se pierda. Tenemos una Corte Suprema en los Estados Unidos. Su veredicto es final, sin apelación. La sentencia de la Corte Real Suprema de los cielos también es definitiva usted no tendrá ningún recurso legal, la diferencia es que este veredicto será nuestro destino eterno. Jesús no quiere negarle a nadie la entrada al cielo—Anhela que todos seamos salvos. La salvación es un regalo gratuito, pero tenemos que confesar nuestros pecados y arrepentirnos y dejar que Jesús nos libere de toda la carga que nos mantiene esclavizados. Entonces verdaderamente podremos representar a Jesús en nuestros pensamientos y acciones. ¡Recuerde esto, no habrá ningún criticón, censurador, chismoso, o cualquier espíritu contrario a Cristo en el cielo! ¿Se está preparando para el cielo, desarrollando el carácter de Cristo? Eso espero, porque eso es lo que nos garantiza un lugar en el cielo.

Capítulo 12

Unidos nos Mantenemos, Divididos Caemos

Durante los últimos treinta años me he dado cuenta que quienes son más a menudo el blanco de las críticas son los pastores, maestros y oficiales de conferencia. Por alguna razón fuera de mi comprensión, las personas estas posiciones son atacadas la mayoría de las veces sin misericordia. Esto es exactamente lo que el enemigo desea. Judas 8 dice: "No obstante, de la misma manera también estos soñadores mancillan la carne, rechazan la autoridad y blasfeman de los poderes superiores."

Como declara la Escritura, los que criticaban a Moisés pensaban que estaban sirviendo a Dios, cuando en realidad estaban sirviendo al enemigo. Al derrumbar nuestros líderes, no somos realmente diferentes de las personas que se rebelaron contra Dios y contra Moisés. Como cristianos estamos llamados a elevar y alentar en vez de encontrar defectos y destruir. ¿Cómo nos presentaremos delante de un Dios santo, si no lo representamos verdaderamente hoy durante nuestra vida en la tierra? ¿Cuántos serán hallados faltos? ¿Cuántos se darán cuenta que a causa de su orgullo y espíritu rebelde perdieron la oportunidad de vivir con Jesús por toda la eternidad? "El Señor nunca bendice al que crítica y acusa a sus hermanos, porque ésta es la obra de Satanás (*Manuscrito 21*, 1894). 80

¡Ore por sus oficiales de conferencia, pastores, maestros y líderes locales de iglesia! Si estamos orando por ellos sinceramente, no estaremos buscando sus defectos, sino que estaremos interesados en ayudarlos a ellos y el ministerio que el Señor ha puesto en sus manos. Al igual que los brazos de Moisés fueron apoyados y de ese modo la victoria llegó, así será con nosotros en la medida en que apoyemos los líderes de nuestra iglesia.

Ninguno de los oficiales de conferencia, pastores, maestros, o líderes locales de iglesia son perfectos, pero valga la redundancia tampoco lo somos nosotros. ¡Ayúdelos y apóyelos en los ámbitos en que ellos que no tienen habilidad destreza o experiencia . ¡Anímelos! Esta declaración resume las cosas muy bien: " En las cosas necesarias, unidad; en las dudosas, la libertad; y en todos, la caridad". No permita que el enemigo lo utilice para dividir la familia.

En el capítulo titulado "Unidad Cristiana" en los *Testimonios para la Iglesia*, leemos: "Una casa dividida contra sí misma no puede subsistir. ¡Cuando los cristianos contienden, Satanás acude para ejercer el dominio!"(Vol. 5, p. 225). "Los cristianos considerarán que se cumple un deber religioso al reprimir el espíritu de envidia o rivalidad"(*Ibíd.*, p. 224). "Con frecuencia causan dificultades los diseminadores de chimes, cuyos susurros y sugestiones envenenan las mentes incautas y separan a los amigos más íntimos" (*Ibíd.*, p. 223). "Satanás está tratando constantemente de sembrar desconfianza, enajenamiento y malicia entre el pueblo de Dios" (*Ibíd.*, p. 224).

Soy consciente que las declaraciones anteriores causarán que algunos se atrincheren en sus posiciones y respondan que es necesario que nuestros dirigentes rindan cuentas, reflexionemos primero sobre nuestra propia rendición de cuentas, y, si que queda tiempo podemos invertir una fracción de segundo para examinar a otras personas. Si es necesario que haya cambios en la dirección o en el liderazgo Jesús los hará. Nosotros no tenemos que hacerlos. Mantenga su enfoque en Jesús, Él es el autor "y consumador de nuestra fe" (Hebreos 12:2). La obra es suya. "él que comenzó en vosotros la buena obra la perfeccionará hasta el día de Jesucristo."(Filipenses 1:6). "¡Cuán cuidadosos debemos de ser para seguir de cerca el Dechado, a fin de que nuestro ejemplo conduzca a los hombres a Cristo!" (*Testimonios para la Iglesia*, vol. 5, p. 219).

Capítulo 13

Bendecido con una Esposa Espiritual

El siguiente es un relato muy personal, del que me avergüenzo, aborda el tema del perdón. Lo comparto sólo para ilustrar el poder de Dios para sanarnos y transformarnos. También lo comparto para dar gloria a Dios y a mi esposa que, bajo las circunstancias más difíciles, no criticó sino que perdonó. Algunos de los que me conocían bien se referían a ella como "la santa" o "el ángel" y tengo que admitir que tenían razón. Ella no sólo estaba dispuesta a hacer un esfuerzo extra sino a ir por lo menos unas cien millas extra para mantener a su familia unida.

En 1979 me convertí al cristianismo. No fue por experimentar dificultades, sino sólo por la gracia de Dios. En un instante el Espíritu Santo me impresionó que yo me dirigía en la dirección equivocada, y el Señor empezó a conducirme desde donde estaba hasta donde Él quería que yo estuviera. Antes de eso, estando casado con mi esposa, tuve una amante durante quince años. Prácticamente ayude a criar dos familias durante este período. ¿Por qué contar esto? Sin entrar en muchos detalles mi esposa se dio cuenta de esta aventura durante el primer año. Sin embargo, ni una sola vez, durante o después de mi fracaso me recriminó por lo que había hecho. Hemos tenido que discutir el asunto, sin embargo ella siempre ha sido muy comprensiva y nunca ha tratado de usar este tema en contra de mí.

Durante esta aventura interracial mi amante concibió y dio a luz un hijo. El Espíritu Santo una vez más penetro mi corazón de piedra, esta vez cuando el hijo de mi amante tenía doce años de edad. Mi vida entera cambió en un instante. El Espíritu Santo me impresionó firmemente que yo estaba caminando en la dirección equivocada. Un giro de 180 grados siguió esa impresión. Le pedí a mi esposa si podíamos comenzar a leer la Biblia juntos, ella estuvo de acuerdo. ¡Alabado sea Dios! Para aquel momento ya tenía seis hijos, entre nueve y diecisiete, y todos estudiamos juntos.

Pero ¿qué acerca de mi otro hijo? No podía simplemente dejarlo, así que le dije mi esposa que yo tenía otro hijo y que me gustaría que el viviera con nosotros. Para mi sorpresa, sin dudarlo, lo aprobó.

Recuerde, ella es un ángel, y me gustaría haberme dado cuenta de eso hace años. A continuación le contamos a nuestros otros hijos, lo cual fue una experiencia muy impactante para todos. Ellos estuvieron de acuerdo con la decisión también. Después de preguntarle a su madre lo que pensaba acerca de la idea, dejó la decisión en manos de nuestro hijo. Él accedió a venir a vivir con nosotros, y se quedó los dos años siguientes todo salió muy bien. El primer fin de semana que llegó todos nos adaptamos a tener un nuevo miembro en la familia. La unión fue instantánea y sin problemas. El domingo, mientras yo estaba sacando algo del armario, mi esposa se acercó me envolvió con sus brazos y me dijo: "Ya veo por qué no querías dejarlo. "No hace falta decir que mi corazón se derritió, y pensé: *¿Sería yo tan amable si fuera ella la infiel?* Proverbios 31:26 dice: " Abre su boca con sabiduría y la ley de la clemencia está en su lengua" ¡Es cierto!

Ahora aunque los hijos ya son adultos, todavía pasamos una gran cantidad de tiempo en familia, y toda la alabanza sea a nuestro precioso Señor y Salvador, Jesús.

Algunos años más tarde le pregunté a su madre por qué y cómo pudo dejarlo quedarse con nosotros. Siendo que su familia se oponía porque creían que mi esposa lo iba a maltratar. Ella me contestó "Yo sé que tu no lo dejarías ser maltratado, y quería que él conociera tu familia." Entonces comprendí que a pesar de los errores terribles que yo había cometido el Señor había bendecido mi vida. ¡Cuán bondadoso y misericordioso es Él!

Si usted está pasando por una experiencia similar, quiero animarlo a soportar. Ore y confíe en el Señor. No sólo le hará pasar a través de esta dificultad, pero si se lo permite Él estará con usted mientras pasa el problema. El Señor dice: "No te desampararé ni te dejaré" (Hebreos 13:5).

¡Qué hermosa promesa!

También quisiera animar a aquellos que están siendo criticados, especialmente si no existe causa justa. El Señor está caminando con usted a su lado Él experimentó lo mismo, incluso en un grado mayor. ¡Permanezca fiel a Él! A aquellos a quienes el Espíritu Santo está impresionando a arrepentirse de su carácter crítico, cambie de dirección antes que sea demasiado tarde.

El libro de Santiago tiene advertencias poderosas para nosotros "Si alguno se cree religioso entre vosotros, pero no refrena su lengua, sino que engaña su corazón, la religión del tal es vana"(Santiago 1:26). Sin embargo, el Señor puede cambiar una religión inútil en un útil.

Santiago 3:8 dice: "pero ningún hombre puede domar la lengua, que es un mal que no puede ser refrenado, llena de veneno mortal" Aunque domar una lengua crítica parece imposible "para Dios todo es posible" (Mateo 19:26).

Algunos de mis versículos favoritos de la Biblia están en 1 Pedro 2, a partir del versículo 3: "ya que habéis gustado la bondad del Señor. Acercándoos a él, piedra viva, desechada ciertamente por los hombres, pero para Dios escogida y preciosa, vosotros también, como piedras vivas, sed edificados como casa espiritual y sacerdocio santo, para ofrecer sacrificios espirituales aceptables a Dios por medio de Jesucristo. Romanos 12:1 nos dice "Por lo tanto, hermanos, os ruego por las misericordias de Dios que presentéis vuestros cuerpos como sacrificio vivo, santo, agradable a Dios, que es vuestro verdadero culto."

En 1 Pedro 2:9 se nos recuerda nuestro valor ante Dios: "Pero vosotros sois linaje escogido, real sacerdocio, nación santa, pueblo adquirido por Dios, para que anunciéis las virtudes de aquel que os llamó de las tinieblas a su luz admirable. 10 Vosotros que en otro tiempo no erais pueblo, ahora sois pueblo de Dios; en otro tiempo no habíais alcanzado misericordia, ahora habéis alcanzado misericordia."

Somos el pueblo especial de Dios y, como tal, nuestro llamamiento es supremo. ¡Somos hijos del rey—eso nos hace príncipes y princesas! ¿No es hora que nos conduzcamos como merece la honra y la gloria de nuestro Rey, fieles bajo la bandera ensangrentada de nuestro Señor y Salvador, Jesús? Si queremos representar a Jesús, tenemos que ser como Él, humilde, manso, bondadoso, y apacible. ¡No hay lugar en la vida del cristiano para un espíritu crítico! Somos embajadores de Cristo y necesitamos representarlo. Es su decisión. ¿Quiere ser una bendición o una maldición para los que lo rodean? "escogeos hoy a quién sirváis; ... pero yo y mi casa serviremos a Jehová" (Josué 24:15).

Acerca del Autor

Jim Hammer ha estado involucrado en el ministerio desde hace veinticinco años sirviendo como pastor laico durante aproximadamente cuatro años, primer anciano por más de veinte años, y es actualmente coordinador de oración en la Conferencia de Nueva York. A lo largo de su liderazgo ha presenciado la destrucción de iglesias que entretienen un espíritu crítico y la restauración de las iglesias que adoptan el carácter de Cristo. Jim está fervorosamente dedicado a ayudar a otros a desarrollar un espíritu positivo, un carácter semejante al de Cristo Él ruega que los lectores "examinen sus corazones para ver si están construyendo la iglesia o derribándola. "Ahora jubilado, su mayor alegría todavía implica el ministerio y pasar tiempo con su esposa, hijos y nietos.

Jim ha participado como orador en muchos servicios y eventos a lo largo de la Conferencia de Nueva York él y su esposa están disponibles como oradores invitados y presentadores de seminarios, campestres, seminarios de oración, y retiros. Si usted está interesado en que Jim, su esposa o ambos participen en un evento próximo, por favor contactarse al Oficina - 716-532-4099, Móvil - 716-913-4099 o escribamos al correo electrónico jhammer562@aol.com

Para a ver la selección completa
de títulos que publicamos visite:

www.TEACHServices.com

Escanear con dispositivo móvil
para ir directamente
a nuestro sitio web.

Por favor escriba o envíenos un correo electrónico con sus felicitaciones, reacciones,
o ideas acerca de este o cualquier otro libro que publicamos visite:

TEACH Services, Inc.
P U B L I S H I N G
www.TEACHServices.com ● (800) 367-1844

P.O. Box 954
Ringgold, GA 30736

info@TEACHServices.com

TEACH Services, Inc., los títulos se pueden comprar al por mayor para
educación, negocios, recaudación de fondos, venta o uso promocional.
Para más información, envíe un correo electrónico:

BulkSales@TEACHServices.com

Por último, si usted está interesado en ver su propio libro en forma impresa, por
favor póngase en contacto con nosotros via:

publishing@TEACHServices.com

Estaremos encantados de revisar su manuscrito de forma gratuita.

www.ingramcontent.com/pod-product-compliance
Lightning Source LLC
LaVergne TN
LVHW051713080426
835511LV00017B/2891